与书同行
探索未知世界

我们的历史

【地图上的上下五千年】

特邀编审 赖庆雄（中国台湾） | 洋洋兔 作品

北京理工大学出版社
BEIJING INSTITUTE OF TECHNOLOGY PRESS

① 地图上的上下五千年

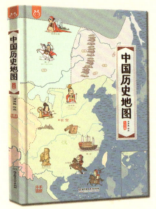

《中国历史地图——人文版》
出版于2015年11月

2015年，偶然机会让我见到洋洋兔的《中国历史地图——人文版》，以21幅手绘地图，21幅朝代脉络图，引领读者穿越历史长空，认识期间发生的重要事件、人物轶事、珍闻奇物，便觉得这样读历史，比背记《朝代歌》更引人入胜，因为"千古兴亡多少事"，都在生动的画卷中复活了；而历史的沉重、繁琐，也在逗趣的彩笔下不见了。

后来这本书的编辑找到我，将这本精华版《我们的历史——地图上的上下五千年》送来审读，我惊讶于中国大陆的童书编辑已经将策划工作细分至如此尽心尽力。如果说，《中国历史地图——人文版》是偏重精彩纷呈的图像说明，那么，新编的《我们的历史——地图上的上下五千年》则搭建起一条脉络清晰的历史长廊，将历史中一些关键人物、突出事件、文物瑰宝介绍出来，使读者更能捕捉到有血有肉的历史真相，获得更多的趣味启发。

短短40多页的内容，想将中国数千年的历史囊括其中，这绝不可能。但是，通过精心的归纳总结，将每一个朝代最鲜明、最有趣的地方告知大家，是可以做到的。

① 本书附赠专业音频讲解，扫描封底"萌学堂"二维码获取。

在我看来，它有几个看点：

简短，而不简单；简洁，而不简陋；简练，而不简略。全书文字不多，却可以实现与《中国历史地图——人文版》的有机结合。对各个朝代的疆域、文化、科技、经济、军事巧妙概括。如果说《中国历史地图——人文版》是孩子学习历史的枕边工具的话，这本《我们的历史——地图上的上下五千年》便是开启这本工具书的钥匙，将孩子们引入兴趣阅读的大门，带他们进入历史的世界，才能探寻本真。

现在，让我们一起了解"我们的历史"，走进"地图上的上下五千年"吧。

赖庆雄 2016年7月书于中国台湾

《中國歷史地圖》繁體中文版
出版于2016年7月

古传说中,人类是怎么诞生的?
三皇五帝为子民做了什么贡献?

上古——部落大联盟的时代

缺乏文字记载的传说时代,我们称为上古时期。

上古时期与神话密不可分,像盘古开天、女娲造人你一定听过,盘古身体化为万物,女娲用黄土创造了人类。

神话不见得真实,却能反映人们的想法。早期的人类居住在野外或者洞穴里,用石块制作简单的石器,一起生活狩猎。

后来,人类迁徙融合,形成了许多原始部落,推举有才能的人当部落的首领。其中,最有名的是燧人氏、伏羲氏和神农氏三个部落首领,被称为"三皇"。

燧人氏教人们钻木取火;伏羲氏教人们捕鱼打猎;神农氏教人们耕种,辨别治病的草药。

如果你是原始部落的人,会过着怎样的生活呢?请圈出相关的成语。
A.钻木取火　B.穴居野处　C.茹毛饮血　D.衣冠楚楚　(答案见下页)

部落规模越来越大，彼此会为了争夺地盘而经常开战。4000多年前，为了争夺中原沃土，黄河流域的黄帝部落和炎帝部落联合起来，与南方的蚩尤部落进行了一场决战。结果炎黄部落获胜，占据了中原。

我们称自己是"炎黄子孙"，"炎黄"指的就是炎帝和黄帝。

后来，黄帝又征服周边许多部落，成了各部落共同的首领，称作"共主"。

黄帝之后，又出现了四位有名的部落首领：颛顼、帝喾、尧和舜，与黄帝一起合称"五帝"，相继成为"共主"。

部落首领必须领导大家，为部落解决各种困难。老了以后，他们会把首领的位置让给接班人。这种让位的方式，叫作禅让制。

接班人由部落推举产生，有才干和有威望的人才会被大家推举。这么做既公平，又避免了因争夺地位引发的战乱。

不过这种制度最后却被一个英雄和他的儿子所破坏。这个英雄叫作大禹。

大禹带领大伙治好了泛滥的黄河，因此当上了部落首领。原本大禹是让位给伯益的，可是大家却拥护大禹的儿子启继承了他的位置。

就这样禅让制被破坏了，部落联盟也渐渐瓦解。

历史脸谱　龙的传人

我们自称"龙的传人"，其来源有许多说法，比较有趣的一种说法，据说和伏羲、黄帝有关。伏羲是中华民族公认的人文始祖，在神话中，伏羲龙身人首，和女娲结合，繁衍人类。另外，相传黄帝统一中原前，以熊为图腾，打败蚩尤后，为了安抚归附的部落，改用龙做图腾。龙的图腾，实际上是熊和蛇的图腾的组合（黄帝的母族是有蟜氏，蟜即蛇）。龙的形象，也蕴含了中华民族发展融合的历史，具有深远的意义。

夏朝采取什么制度产生领导人呢?
作为中国最早的朝代,夏朝有哪些发明呢?

夏朝——"公天下"到"家天下"

启接替了大禹的位置,建立了中国历史上第一个朝代——夏朝。

夏朝的疆域比较小,主要在黄河中下游地区,控制的区域主要是山西、河北、河南、山东的一部分,周围还有有扈氏、有穷氏和东夷等其他部落。

夏朝建立起父亲传位给儿子的传统,禅让制被世袭所取代。

以前共主是由各部落首领一起推选,现在的"君王"却是由儿子继承王位,天下变成君王家所私有。这么一来,很多人就不服气了,于是**为了争夺天下的领导地位,常常发生战争**。

夏朝最大的对手是东夷,他们凭借高超的箭术,一度打败夏朝,夺取了王位。后来,夏朝发明了更先进的兵器,例如能抵挡弓箭的铠甲,以及驾着马车作战的方式,才最终打败了东夷,重新夺回了天下。

 古代的人可真爱喝酒啊!他们的酒器一应俱全,请把相关的圈起来。

A. 爵　B. 鼎　　C. 觚　　D. 盉　(答案见本页)

答案:A、C、D。

打仗俘虏的战俘变成了"奴隶"。奴隶没有任何的自由和地位，甚至还被当作一件物品一样拿来买卖。

如果奴隶敢反抗，就会受到惩罚。夏朝制定了残酷的法律，还出现了最早的监狱。

夏朝还有两个了不起的发明：酒和夏历。夏历是根据观察北斗七星的方位发明的。人们根据夏历掌握季节的变化，进行耕作。在几千年后的今天，夏历仍然在使用，就是我们常听到的农历，或者阴历。

夏朝延续了400多年，最终被东方一个叫作"商"的部落灭掉了。

用谷物酿酒的技术

商朝人为什么常迁都？他们最后定都在哪里？
什么是甲骨文，有哪些"书写"的步骤呢？

商朝——在龟甲兽骨上刻字的朝代

商朝是由黄河中下游的商部落建立的，第一位帝王是商汤。

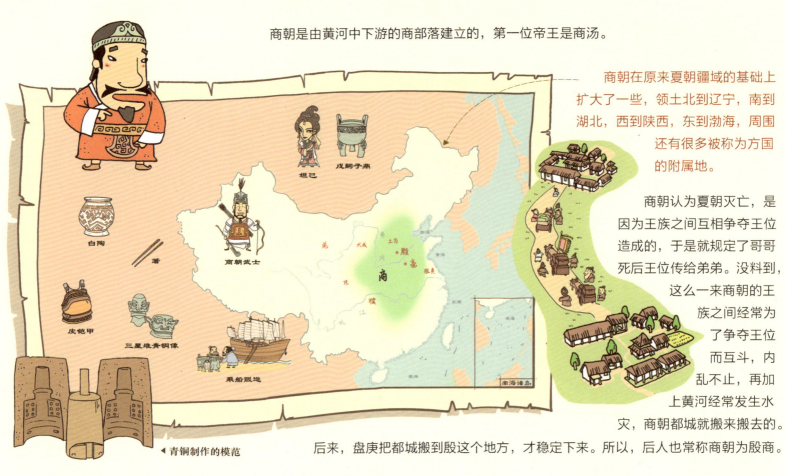

商朝在原来夏朝疆域的基础上扩大了一些，领土北到辽宁，南到湖北，西到陕西，东到渤海，周围还有很多被称为方国的附属地。

商朝认为夏朝灭亡，是因为王族之间互相争夺王位造成的，于是就规定了哥哥死后王位传给弟弟。没料到，这么一来商朝的王族之间经常为了争夺王位而互斗，内乱不止，再加上黄河经常发生水灾，商朝都城就搬来搬去的。

后来，盘庚把都城搬到殷这个地方，才稳定下来。所以，后人也常称商朝为殷商。

商朝的冶金技艺水平非常高，尤其是冶炼青铜器。青铜是铜和锡的合金，硬度很高，商朝的青铜器制作技术高超、设计精美。后母戊大方鼎和四羊方尊就展现了很高的工艺技巧，代表了商朝冶炼青铜技术的最高水平。

除了青铜器，商朝的制陶、酿酒技术、畜牧业也都很发达。

四羊方尊▶

▲后母戊大方鼎

商人的甲骨文中有许多动物的象形，下列文字和十二生肖有关，请在方格中填出动物名称。

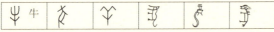

（答案见下页）

商朝农业和手工业的进步,促进了人们间的物品交换,出现了一批驾着牛车、拉着物品到处去贩卖的生意人。所以,今天我们常说的"商人"、"商业"、"商店"就和会做生意的商朝人分不开。商朝的钱币很特别,是贝壳。这也是中国最早的货币。

商朝人迷信鬼神,大事小事都要问问鬼神的意见,这叫作占卜。他们认为龟甲和兽骨可以连通鬼神,就在甲骨上钻个小孔,然后用烧红的青铜棍去烫灼小孔,小孔周围遇热就会裂出许多裂纹。占卜的人就根据这些裂缝来判断吉凶,然后把占卜的结果刻在甲骨上。这些刻在甲骨上的文字,叫作"甲骨文"。

虽然在甲骨文之前,很可能已经有了文字,但至今为止,甲骨文依然是被发现的最早的汉字。

商朝最后一个君王纣王,也是个迷信的人,不过他迷信的是浩荡大军和高高的城墙。他不仅不断地对外发动战争,而且还残暴地对待自己的百姓,最后被周部落打败,商朝灭亡。

西周社会金字塔各层的身份有什么不同?
贵族受教育要学习哪些科目呢?

西周——用天下人来搭"金字塔"

周武王打败商纣王之后,建立了周朝。周朝是中国历史上寿命最长的朝代,延续了近800年,前半段叫作西周。

西周疆域比商朝大得多,不仅仅局限于黄河中下游,往南过了长江,而且相比夏商,西周更靠近沿海地区。

疆域大了,人口多了,管理起来就困难了,王族子弟如果像商朝那样抢王位,国家就得乱套。于是,周朝用一个很好的办法解决了这一问题,规定王位只能传给皇后生的大儿子,然后把国家分成许多小诸侯国,让其他儿子和功臣去那里做诸侯。诸侯有自己的土地、都城、大臣和军队,还可以对自己的儿子和大臣们封赏。人人都是小国王,就不会抢王位啦。

周朝统治者用这种不断分封的方式,把国家搭建成一个"金字塔"。

这个金字塔的塔尖就是周朝的王,不过那时候叫天子,"上天之子"的意思;第二层是天子分封的诸侯;第三层是诸侯分封的"卿、大夫";第四层是"士";士之下是普通百姓,百姓阶层下还有奴隶。

▲《周易》　▲烽火台

西周的社会阶层有A天子、B诸侯、C卿大夫、D士、E平民,下列这些名人属于哪种身份?请填写适当的代号。

□周公　　□孔子　　□周宣王　　　　（答案见下页）

可如果下层的人捣乱跑到上层，这个金字塔不就不稳了吗？有一个叫周公的，他意识到了这个问题，就制定礼仪制度，给金字塔每一层的人立了规矩。

比如，天子要带头进行祭祀；诸侯要对天子绝对服从，替天子守卫疆土、出兵打仗，每年向天子进贡；卿大夫也得对诸侯进贡；士平时读书练武，打仗时要随时上战场拼命。

学射箭　学驾车　学乐器

贵族从小就要接受教育，8岁习小学，15岁习大学，学习礼、乐、射（射箭）、御（驾车）、书（文字）、数（算术），将来好为国家效力。下层的老百姓，则没机会上学，他们只能种田和为贵族服务。

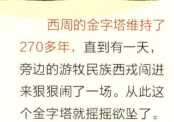

西周的金字塔维持了270多年，直到有一天，旁边的游牧民族西戎闯进来狠狠闹了一场。从此这个金字塔就摇摇欲坠了。

历史脸谱

姜子牙封神

相传姜太公在扶周灭纣的决战中，命人筑了高耸入云的"封神台"，把阵亡的大小将士列册封神。随着战争即将结束，神台的神位也全占满了，最后，姜太公自己也牺牲了，却没法到神台上占位受封，魂魄只好飘游路边，逢人便说"姜太公在此"。"姜太公封神——自己没份"，这句歇后语也是说好处给了别人，却忘了自己。

春秋有哪些掌握实权的政治明星呢？
当时出现了哪些有名的思想家？

春秋——诸侯争霸的擂台赛

周朝迁都洛邑（今洛阳）后的这段时期称为东周。东周分为两段，前半段叫作春秋。

西周因外族入侵灭亡，都城迁到洛邑，周朝失去了部分领土。所以春秋时期，疆域比西周时略小。

春秋时，周天子的权势越来越弱小，而诸侯们越来越强大，有的甚至敢公然和周天子对抗。于是，周天子地位渐渐下降了，诸侯们则成了历史舞台上的主角。

为了争夺地盘，各个诸侯国之间战争不断，许多弱小的诸侯国相继被强大的诸侯国吞灭。到了春秋末期，原本一百多个诸侯国只剩下了三十几个。

全球战乱不断，同学纷纷提出解决之道，下列说法最可能受谁的影响？（甲、儒家；乙、道家；丙、墨家；丁、法家）
A."兼爱非攻"，用爱心感动对方来止战。　　B."以直报怨"，明辨是非善恶要求合理对应。
C."无为无不为"，顺其自然等待战争结束。　　D."避害者，非战不免"，发动强大攻势以避免损伤。　　（答案见下页）

而实力强大的诸侯国之间也有许多冲突。于是，整个春秋时期就像一场大型擂台赛，有实力的诸侯们都想争夺中原霸主的地位。在这场擂台赛中，有五个人相继做了霸主，分别是齐桓公、晋文公、楚庄王、吴王阖闾和越王勾践，他们被称为"春秋五霸"。

▲楚庄王　▲齐桓公　▲晋文公
▲吴王阖闾　▲越王勾践

▲孔子
▲孙武　老子▶

为了壮大实力，诸侯们广招人才。知识分子们提出了各种思想和治国方案，形成许多不同的学说流派，比如主张依法治国的法家、遵循天道的道家、提倡人们相爱反对战争的墨家等。这些流派中对后世影响深远的是儒家。

儒家的创始人是孔子，他认为诸侯们要互相尊重，不应该打仗，应该恢复西周时期周公制定的"周礼"，教育人们成为道德高尚的君子。孔子被后世奉为"至圣先师"。

春秋时期还出现了一位伟大的木匠——鲁班，他发明了很多工具，是中国工匠的祖师。

春秋乱世持续了将近300年，随着强大的晋国分裂成赵、魏、韩三国而结束。接替春秋的是另外一个乱世。

鲁班

云梯

锯子

雨伞

越王勾践剑

春秋晚期，越王聘请铸剑大师欧冶子到越国铸剑，这把剑上刻有"越王鸠浅（勾践）自乍（作）用剑"鸟篆文，特别有历史意义，被誉为"天下第一剑"。它有黑色菱形的暗纹剑身，琉璃宝石装饰的护手，更令人惊叹的是剑身整体经过硫化处理，据说该剑出土时仍寒光四射，锋利无比呢！真是古代兵器中的奇宝啊！

战国七雄的局面是怎么形成的？秦国为什么会最强大？
合纵和连横的外交政策有什么不同？

战国——一个对付六个

春秋时期的晋国分裂成魏、赵、韩三国后，东周进入了后半段，叫作战国。

与春秋时期相比，战国时的疆域变化很小，各个诸侯国间相互攻伐、战争不断，很难有精力对外大肆扩张。

你听过大鱼吃小鱼，小鱼吃虾米吧。战国开始大家都在玩这个游戏，大国像大鱼一样，把像小鱼的国家差不多都吃掉了，最后剩下七个强大的国家：齐、楚、燕、韩、赵、魏、秦，它们被称为"战国七雄"。

七国没法像吃掉小国一样轻易吞掉对方，只能一点点增强实力，削弱对手。这时，西边的秦国任用一个叫商鞅的进行改革，使得秦国国力大增。历史上把这次改革叫作商鞅变法。再加上秦国占据了巴蜀（今天的四川重庆），实力逐渐比其他六国强大了。

战国时期，各国诸侯纷纷网罗人才壮大国家的实力与声势，其中最有名的"养士四公子"是孟尝君（齐）、平原君（赵）、信陵君（魏）和春申君（楚）。下列成语分别和哪位公子有关？

A. 毛遂自荐　　B. 窃符救赵　　C. 鸡鸣狗盗　　D. 无妄之灾　　（答案见下页）

以前七雄实力差不多，可以互相制约。秦国的崛起一下打破了这种平衡，这让其他六国非常忌惮。他们无法单独与秦国抗衡，只好结成同盟。六国的土地南北相连，彼此结盟就像从北到南画了一条线，这就叫作合纵。

苏秦
纵横家，合纵创始人

秦国也运用外交手段，分别去和六国结盟。因为秦国在西，六国在东，秦与六国的结盟如同从西到东划了很多线，叫作连横。六国的合纵盟约本来就是为了对抗秦国，可现在秦国主动向他们示好，六国渐渐就放松了警惕。没多久，六国的合纵就被瓦解了。

张仪
纵横家，连横创始人

破坏了合纵联盟，秦国立刻又转换外交策略，结交与秦国距离远的齐国和楚国，攻打紧邻的赵、魏、韩三国。这三个国家哪里抵挡得住，只好不断割让土地给秦国，来换取和平。这么一来，秦国地盘越来越大，国力越来越强。相对的，六国就变得越来越弱了。

渐渐的，六国无力抵抗强大的秦国。公元前221年，秦王嬴政灭掉了六国，统一天下，建立秦朝。

文物放大镜

和氏璧
和氏璧被奉为天下共传之宝。发现人卞和为了璞玉能得到雕琢而失去了双脚。楚文王将它打造为王室宝物，后流传到赵国，引发了蔺相如完璧归赵的故事。秦始皇统一天下后，将和氏璧作为传国玉玺。随着朝代变换，和氏璧已经失传，至今下落成谜。

秦除了统一天下，还统一了什么？
除了要疆土最大，还想要哪些方面也最大？

秦朝——崇尚"大"的短暂朝代

秦王嬴政统一了六国，结束了500多年的分裂局面，建立了一个大一统的王朝——秦朝。

秦朝的疆域比之前任何一个历史时期都大，西至甘肃，东到东海，北到内蒙古，南到两广，甚至连今天越南的一部分也是秦朝的疆土。

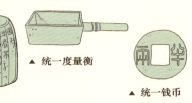

▲ 统一度量衡

▲ 统一钱币

◀ 统一文字

天下统一了，过去六国不同的制度就要改一改。以前战国七雄各有各的文字、钱币、长度单位、重量单位，现在全部都统一了。

不仅疆土，秦朝在各方面都追求"大"。

君王的称号要最大的。秦朝帝王的称号不用"王"也不用"天子"，将上古"三皇五帝"的称号合并，称为"皇帝"。嬴政是中国历史上第一个使用皇帝称号的君主——"始皇帝"。他还规定了只有皇帝可以自称"朕"。

皇帝的权力要最大的。秦朝决定吸取周朝的教训,不采用分封制,而是用郡县制来增强中央集权。天下被分成48个郡,郡下面设县。郡的长官必须由皇帝亲自任命,而且有任期限制,不能世袭。有效地控制地方,可以让皇帝独揽大权。

宫殿要最大的——阿房宫,城墙要最大最长的——长城,修建的坟墓也要全世界最大的。这么多浩大的工程,是需要钱、需要人的,耗费的钱财不计其数,征用的民夫、兵丁更是每年不下300万,全国差不多一半的壮年男丁都被征用。

秦朝推崇法家治国理念,法律严苛,一人犯罪集体受罚,以此让百姓相互监视。秦朝还限制读书人的自由,把原来六国的书籍全部销毁,不准人们说朝廷的坏话。

如此严刑峻法,你说老百姓怎么受得了。很快,就爆发了大规模的农民起义,再加上原本六国人士的反抗,秦朝很快就衰落了,最终被刘邦和项羽率领的军队所灭。这个什么都要最大的王朝,结果变成寿命最短的王朝,仅仅存在了14年。

张骞通西域,和丝路有什么关系?
汉代为何倡导以孝治天下?

西汉——与其他文明交流的帝国

经过4年的楚汉相争,刘邦战胜项羽,建立了汉朝。为了与之后刘秀建立的汉朝区分,刘邦建立的朝代被称为"西汉"。

今天我们说的"汉族"、"汉语"、"汉字",都和西汉这个王朝有关。

西汉是比秦朝更强大的朝代,疆域几乎比秦朝大一倍。

西汉的疆域东到朝鲜,南到越南,西到帕米尔高原,北到蒙古大漠,除了今天的东北大部分地区和青藏高原,几乎全都是西汉的领土。

游牧民族匈奴,是西汉北边强大的邻居,经常南下入侵。西汉建立后,刘邦就率大军和匈奴打了一仗,结果险些丧命。自此以后,西汉和匈奴经常起冲突,将近300年间不断发生战争与和谈。

为了对付匈奴,一个叫张骞的外交家奉命出使西域,联络西域诸国共同夹击匈奴。张骞用了十几年的时间,虽然出使没有成功,却意外地打通了一条通往中亚、欧洲的道路——"丝绸之路"。

从此,西汉与中亚、欧洲各国开始频繁交往贸易。西汉的陶瓷、丝绸、绢布传往西方,而西方和中亚的许多东西也传了进来。葡萄、石榴、核桃、黄瓜、胡萝卜、小麦……都是那时候从丝绸之路传进来的。

西汉还把儒家的思想作为治国之道,在长安设立了太学(相当于大学)招收学生学习,科目几乎全是儒家的经典书籍。从此以后,儒家思想的影响力越来越大,不仅后面的各朝代都用儒家思想治国,儒家文化也传播到东亚其他地区。

儒家讲究"孝为先",西汉便也以"孝"立国了。你去看看西汉那些皇帝去世后的谥号,几乎都有一个"孝"字,比如"汉孝文帝"、"汉孝武帝"。

"孝"也成为中华民族的传统美德之一。

▲汉景帝　▲汉文帝　◀汉武帝

文物追踪

留仙裙
根据《西京杂记》记载,赵飞燕被立为皇后之后,很讲究穿裙子。一次,她穿了一条云英紫裙,和成帝同游太液池,在鼓乐声中翩翩起舞。这时,由于风大,加上赵飞燕瘦弱轻盈,风便把她吹了起来。成帝连忙让侍从拉住她,没想到惊慌中却拽住裙子,裙子被扯出许多皱纹。说也奇怪,这有皱纹的裙子,反而更好看。从此,宫女们竞相仿效。这便是留仙裙的由来。

东汉皇帝为什么不好做？主要是谁造成的呢？
政治混乱的东汉在医学科技上有哪些重要的贡献呢？

东汉——皇帝成为受人摆布的傀儡

东汉是刘邦的后世子孙刘秀建立的，继承并延续了西汉的传统和辉煌。

东汉的疆域比西汉最强盛时略小，因为西汉时期西域的属国乌孙国脱离了东汉。

东汉虽然不如西汉那么强盛，但做到了一件西汉不曾做到的事：消灭分裂的匈奴，不再受匈奴侵扰。从此，在蒙古高原称雄300多年的匈奴逐渐退出历史舞台，而新兴的鲜卑族占领了匈奴的地盘。

解决了匈奴，外面的麻烦暂时没有了，可是内部却又麻烦不断。

东汉中后期，大多数皇帝都是年幼即位。皇帝太小，无法处理国家大事，只能依靠自己的母亲——太后。而太后又把朝廷大权让自己的娘家人来把持，造成了外戚干政，皇帝逐渐不被放在眼里。

皇帝长大后，想重新夺权，就只能借助身边宦官们的力量对抗外戚。如此一来，外戚和宦官两大集团就开始斗来斗去，把整个东汉王朝弄得纷乱不宁。

朝廷忙着内斗，没心力照顾百姓，于是爆发了一场黄巾军起义。很多地方官员借着镇压黄巾军的名义，却各自壮大实力，成为军阀。

好不容易解除外戚和宦官的问题，结果军阀们又互相打了起来。最后，连皇帝自己都被军阀们控制，成了傀儡，任由各势力摆布。

东汉虽然政局纷乱，却也出现了不少了不起的发明。四大发明之一的造纸术，就是东汉时改进的；张衡发明著名的地动仪和浑天仪；名医华佗发明的麻沸散，据说是最早的麻药；医圣张仲景，打下了中医医术的基础。

另外，佛教也在这时传入中国，逐渐成为底层人民在乱世中的心灵寄托。

三国鼎立的局面是如何形成的?
三国时期,为何人口骤减?

三国——三大势力争雄

经过东汉末年的混战,最后只剩下曹魏、东吴、蜀汉三个政权之间相互争夺。这段历史叫作"三国"。

魏、蜀、吴三国瓜分天下。曹操发动"赤壁之战",形成了三国鼎立的局面。曹操的儿子曹丕则废掉东汉末代皇帝汉献帝,建立"魏",开始了三国时期。

由于连年战乱,百姓流离逃亡,很多土地无人耕种,成了荒地。曹魏就实行屯田制,把流民组织起来,发给他们工具,开荒种田。家世好,有才干的人,可以被推荐到朝廷做官。为了稳定兵源,曹魏还规定一人参军后代也必须参军的制度。

经过一系列的制度改革,曹魏很快发展成三国中实力最强的,同时还控制了汉献帝,挟天子以令诸侯。

处于江东的孙吴,由孙权家族领导;西南的蜀汉,则由诸葛亮辅佐刘备。孙吴和蜀汉实力相对比较弱,只好结成同盟关系,共同对抗曹魏。

你玩过扑克牌游戏"斗地主"吧,三国就好比一场斗地主的游戏。实力强悍的魏国就像是地主,吴国和蜀国就像是两个农民,农民只有一起合作才能保证不被地主打败。

这场游戏一直僵持了好多年。后来,地主和农民都发生了变化。曹魏的政权渐渐被司马父子夺取,而吴蜀联盟也为了各自的利益而分道扬镳。

于是,三国这场游戏就不再平衡。蜀汉、孙吴原本靠着天然地形与曹魏对抗,但先后被消灭。

明代文学家罗贯中,把三国这段纷乱的历史,写成小说《三国演义》,这也是中国古代四大名著之一。

虽然三国的历史非常精彩,但三国人民的生活,却相当悲惨。由于战乱、天灾、饥荒不断,人口急剧减少,从东汉末年到三国,人口数量减少了一半以上,直到天下再度被司马氏统一,人口数量才有所增加。

南蛮藤甲兵　　虎豹骑　　蜀国无当飞军

西晋的老百姓为何没有机会做官？
西晋有哪些糊涂皇帝？他们曾说过哪些可笑的话？

西晋——当官的永远当官，百姓永远做百姓

歇后语"司马昭之心——路人皆知"说的是司马昭想取代曹魏的野心非常明显。西晋的建立者就是司马昭的儿子司马炎。

西晋结束了三国鼎立的局面，重新统一天下。这时，游牧民族大量移居到中原地区，使得人口大增。

司马炎取代曹魏，建立西晋，并继承了曹魏不少制度，比如用曹魏"九品中正制"选拔官员：依据家世、德行、才能来打分，分成九个等级，等级越高越有机会做大官。

负责打分的都来自大家族，当然就会偏袒自己人。于是，家世出身渐渐成为唯一的标准，形成了世代都能做官的士族，有才华却出身寒微的庶民，则无法当官。

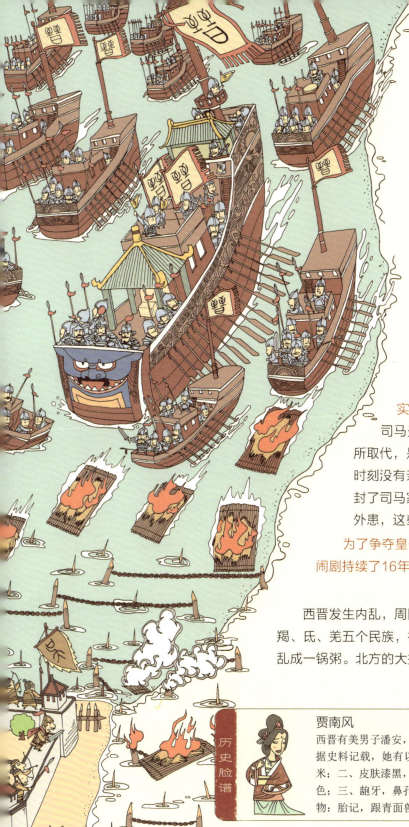

士族们衣食无忧的日子过惯了,开始用夸张、奢华的行径来炫富较劲。王恺和石崇两个人就曾互相斗富,一个用糖水洗锅,一个把蜡烛当柴烧,斗来斗去只为证明自己才是最有钱的人。

西晋的皇帝也越来越糊涂,尤其是晋惠帝。有一年,各地饥荒,饿死了好多人,晋惠帝询问原因,大臣说老百姓连米糠都没得吃,所以饿死了。你猜糊涂的晋惠帝怎么说?他说:"既然没米糠吃,怎么不吃肉粥呢?"

朝政黑暗,皇帝又很昏庸无能,一些有实力的地方藩王就想取而代之。

司马炎当初建立西晋后,认为曹魏会被他司马家所取代,是因为曹家没有分封自家的子弟,导致危急时刻没有亲人帮忙。所以,司马炎学周朝的制度,分封了司马家的子孙到各地做藩王。没想到,还没遇到外患,这些藩王反倒先互相打起来。

为了争夺皇位,先后有8个藩王参与皇权的争夺,这场闹剧持续了16年,历史上叫作"八王之乱"。

西晋发生内乱,周围的游牧民族就趁机壮大。匈奴、鲜卑、羯、氐、羌五个民族,被称为"五胡"。五胡在北方到处抢掠,乱成一锅粥。北方的大批士族、百姓纷纷南逃,西晋灭亡。

历史脸谱

贾南风

西晋有美男子潘安,却也有丑女贾南风。贾南风到底有多丑?根据史料记载,她有以下几点特征:一、个子矮,身高不到140厘米;二、皮肤漆黑,跟她握手,恐怕要马上去洗手,免得皮肤沾色;三、龅牙,鼻孔朝天,嘴唇朝地;四、眉毛后有一大块装饰物:胎记,跟青面兽杨志很像。

北方士族为何要大量南迁？
东晋与西晋的政治环境有何相似的地方？皇帝的表现及格吗？

东晋——南方北方都很乱

五胡把北方搞得大乱时，很多西晋士族纷纷南迁，其中西晋的宗室司马睿，在南京重新建晋，史称东晋。

东晋是一个偏安东南的小朝廷，疆土大部分在长江淮河以南，面积只有西晋时期疆土的一半。而原本北方的土地已经被五胡占领，建立政权。五胡在北方总共相继建立了16个国家，所以，这段时期又叫作东晋十六国。

这段历史可以用一个字来形容，那就是"乱"。

原本西晋的士族制度，在东晋更加盛行。司马睿因为得到当地士族支持，才能登上皇位。很多士族的家族势力非常强大，甚至能左右朝廷。

除了这些大家族，北方南迁的士族和南方当地的士族也互相看不顺眼。当地士族鄙视被打得躲到南方的北方士族，北方士族则认为南方当地士族没有复国的志气。

东晋虽然出过几个优秀的将领，有能力率军北伐，但朝廷怕他们因此而权力过大，不但不给予支持，反而还阻挠。

比起东晋，北方更混乱。不同民族建立的国家间经常开战，没有哪个能一统北方。而留在北方的汉人，为了在战乱中自保，修建起庞大的坞堡。人们在坞堡中生活，共同抗敌。

南方的东晋、北方的十六国各有内部问题需要解决。东晋习惯了南方富庶的日子，就不想着再打回去。**北方各个政权忙着互相打仗，也没空往南发展。**

混乱的东晋十六国持续了100多年。后来东晋的刘裕建立"宋"取代东晋，鲜卑族人建立"北魏"统一了北方。

陶渊明　　顾恺之

"书圣"王羲之　　《兰亭序》

瑰宝探奇

《兰亭序》
《兰亭序》是王羲之在东晋永和九年，为朋友的诗集所写的序文手稿，有"天下第一行书"的美誉。因为是当时乘兴挥毫，一气呵成，所以《兰亭序》可说是王羲之书法巅峰之作。王羲之酒醒后，对自己这幅作品也觉得十分惊奇，他又试写了几次，总无法超越，因此对这幅作品十分珍爱，把它当成传家宝物。

是谁拉开了南北朝时代的序幕?
想一想,佛教为什么在南北朝蓬勃发展?

南北朝 —— 南北之间的较量

刘裕建立刘宋取代了东晋,随后鲜卑族建立的北魏统一了北方。从此,历史进入了南北对峙的阶段,叫作南北朝。

南朝经历了宋、齐、梁、陈四个朝代;北朝经历了北魏、东魏和西魏、北齐和北周三个阶段。南朝和北朝基本是以秦岭淮河为界,双方互相拉锯僵持。

南朝的世家大族虽然富贵,但已经没有东晋时那么有影响力了。少了士族的干预,朝廷本应可以认真建设,偏偏手握军权的将领开始频繁造反。南朝第一个政权宋,就是手握军权的刘裕取代东晋建立的。后来的将领纷纷效仿他,一个个凭借军权篡位自立。南齐、南梁、南陈都是这么建立起来的。

有一位日本汉学家大沼枕山,曾写过一首诗:"一种风流吾最爱,六朝人物晚唐诗。"六朝指的是哪六朝?(答案见下页)

北朝统治者也不省心。北魏是鲜卑族建立的，鲜卑族是外族，跟汉人文化不同，经常欺压汉人。无法忍受差别待遇的汉人，被迫不断地起义造反。后来，北魏孝文帝进行改革，让鲜卑人学习汉文化，带头改穿汉人的服装、说汉语，还把自己的鲜卑姓"拓跋"改成了汉姓"元"。没想到，这些政策造成了内部鲜卑化和汉化两大集团的对立，北魏分裂成东魏、西魏。后来，东魏和西魏又分别被北齐和北周取代。

所以，不管南朝还是北朝，家家都有本难念的经啊。

提起念经就想到佛教。南北朝时期，佛教非常盛行。在北朝，大小寺庙有3万多座，出家当和尚的有200多万人。云冈石窟、龙门石窟、悬空寺都是那时修建的。因为战乱频繁，人民只好从佛教中寻求宁静。南朝佛教同样盛行，唐代诗人的诗句"南朝四百八十寺，多少楼台烟雨中"描写的就是这个盛况。南梁武帝更是痴迷佛教，甚至放下皇帝的职责，到寺庙当起了和尚，害得大臣每次都拿大笔钱把他赎回来。

南北朝对峙了160多年，最后被出身于北周的杨坚所终结。

历史脸谱

和尚皇帝梁武帝

梁武帝是个虔诚的佛教徒。他第一次出家，没几天就被接了回去。他想：和尚还俗要出钱赎身，自己怎能例外？便再度"舍身"。大臣明白后，就凑了一大笔钱给他赎身。第三次，他不但"舍"了自己，还"舍"了宫里人和全国土地，大臣只得出更多钱赎他。梁武帝共出家了4次，大臣为他赎身的巨资，也转嫁到了百姓身上。

上页答案：北朝鼎立三国归于晋，东晋偏安江左；五胡乱华夷狄来，南朝轮替宋齐梁陈。

魏晋时期以门第取士，只有贵族才能当官，隋文帝对此做了哪些改变？
想一想，隋朝开国君主隋文帝勤政爱民，为何隋朝经历二代君主就灭亡了？

隋朝——父亲节俭，儿子折腾

隋朝的建立者叫杨坚，历史上称为隋文帝。隋朝结束了自西晋以来300多年的分裂局面。

相比西晋，隋朝的疆土略小了一些，西域和东北的一些土地被新兴起的游牧民族突厥和契丹占领。

隋文帝是个节俭的人，衣服总是穿破了就补，补了再穿，舍不得丢掉，还要求官员、百姓学会节俭。隋文帝还颁布法律严惩贪污，发现有官员贪污受贿就立刻判罪。在隋文帝的治理下，国家很快富强起来，粮食堆满了粮仓。

隋文帝还做了一件了不起的大事，就是开创考试制度。他觉得以前做官的机会，几乎被世家大族所包办，真正有才能的百姓一点机会没有。于是，他就规定想做官的先要考试，通过考试的成绩来选拔。这个制度就是科举制度。后来，每个朝代都用这种办法选拔官员。

隋文帝把国家治理得很好，但却没有教导好儿子。他的继任者隋炀帝不像父亲这般节俭，反而是个穷奢极欲、好大喜功的折腾皇帝。

隋炀帝即位后，用心地干了一段时间，不仅国家越来越富，还打败了强大的突厥。这一来，隋炀帝就骄傲起来啦。他在各地建了很多大宫殿，所用的巨大木材据说一根要两千人拉。这么多宫殿建好了，可隋炀帝却不怎么喜欢住在里面，他喜欢到处游玩，尤其喜欢去江南。为了方便下江南，他征用了100多万人，修建了纵贯南北1000多公里的大运河。运河修好后，他和妃子们乘坐巨大的龙舟，让民夫在两岸用绳子拉着龙舟去游玩。

这条大运河就是京杭大运河，现在很多地段还在使用呢。

除了游玩，隋炀帝还喜欢四处打仗。他数次出兵攻打高句丽，结果都吃了败仗。最惨的一次，出兵30多万，结果只逃回来2000多人。可他还是不接受教训，转而去打北方更强大的突厥。不出意外，又打败了。

国家被隋炀帝搞得一塌糊涂，百姓纷纷起义，隋炀帝也被自己的一个部下杀死。隋朝很快就灭亡啦。

历史拾趣

爱面子的隋炀帝

隋炀帝爱面子，在历史上可是很有名。据说他登基后，就命令将长安城内所有树干都要用绸布包起来，又把东都市场修葺一番，极尽奢华。另外，他还规定，即便卖菜的小贩，也须在店里铺地毯；外国人路过酒家，主人就要邀请他们免费吃喝，以显示隋王朝的富裕。

为何称唐太宗为"天可汗"?
走在唐朝的街道上,你可以看到来自哪些国家或地方的人?

唐朝——把敌人变成朋友

隋末大乱,太原起兵的李渊最后取得胜利,建立了唐朝。

唐朝的疆域非常辽阔,往西翻越了帕米尔高原到达中亚,往北一直到了西伯利亚的贝加尔湖,超过了现在中国的疆域。

刚开始,唐朝周边有很多敌人。突厥、回鹘、吐蕃都对唐朝虎视眈眈,尤其是突厥,不断找机会入侵唐朝。不过,唐朝靠着强盛的武力,把这些外敌全都打败了。

如果你有机会来到唐朝长安,你可以去观看哪些比赛?(请打勾,可以多选)
□马球比赛 □蹴鞠比赛 □拔河比赛 □斗鸡 □荡秋千比赛　　(答案见下页)

能打胜仗没什么了不起的,难得的是唐朝对待这些敌人的态度。

历史上的中原王朝总是瞧不起游牧部落,认为他们野蛮、没文化,叫他们"胡人"。可是,唐朝却把胡人视为自己的子民,安顿他们的生活,让他们来唐朝做官,甚至把公主嫁过去以示友好。唐朝实力强大,再加上这种气度,周围的敌人一下子都臣服了,都愿意听从唐朝的管理。

突厥士兵　　　　遣唐使　　　　大食人　　　　波斯商人

本来是敌人,现在全变成了朋友。这些朋友纷纷跑到唐朝来。在当时的都城长安城街道上,能看到来自各地的人,有粗犷的突厥人、矮小的日本人、高鼻梁的波斯人和阿拉伯人,还有皮肤黝黑的非洲人……长安成了当时的国际性大城市。

在这些外国朋友中,朝鲜人和日本人最热衷于向唐朝学习。朝鲜半岛当时的国家叫新罗,新罗想把国家改造成第二个唐朝,从政府的组织、名称,到寺院的屋瓦都跟唐朝一模一样。

日本也一样,派了很多留学生和使者到长安学习。建筑、绘画、武器、服饰、文字……都模仿唐朝。今天到日本旅游,到处都能看到唐朝的风格。

和邻居成了朋友,唐朝就不需要修长城来防御外敌。可是,唐朝的内部却出现了问题。唐朝疆域广阔,所以划成很多藩镇,派节度使管理。到了后期,藩镇的势力越来越大,最终酿成了唐末大乱。

唐三彩

唐三彩是唐代三彩釉陶器的简称。所谓三彩并不限于三种色彩,除了白色外,还有浅黄、赭黄、浅绿、深绿、蓝色等。唐三彩是一种低温釉陶器,盛行于武则天时,由于流行时间短,流行地区不广,因而成了历史珍品。

五代十国的政治形势，和哪一个朝代很相似？为什么？
五代十国在文学创作方面，有什么新的转变？

五代十国——军人抢着当皇帝

唐朝之后，中国又进入一个大乱的时代。中原先后出现了后梁、后唐、后晋、后汉、后周五个朝代，合称"五代"。围绕在四周还建立了十个小政权，合称"十国"。这段历史叫作"五代十国"。

唐朝留下的版图不但缩小，还四分五裂。原本的朋友，又变成了敌人，尤其是北方的契丹，实力越来越强大。

原本唐朝的藩镇军阀，在唐衰弱后渐渐不受控制。北方实力强大的军人，一个个抢着在中原当皇帝。
南方各藩镇实力差不多，谁也灭不了谁，干脆就在自己的地盘上都当皇帝。
五代十国跟从前的南北朝很像，政局也一样混乱。

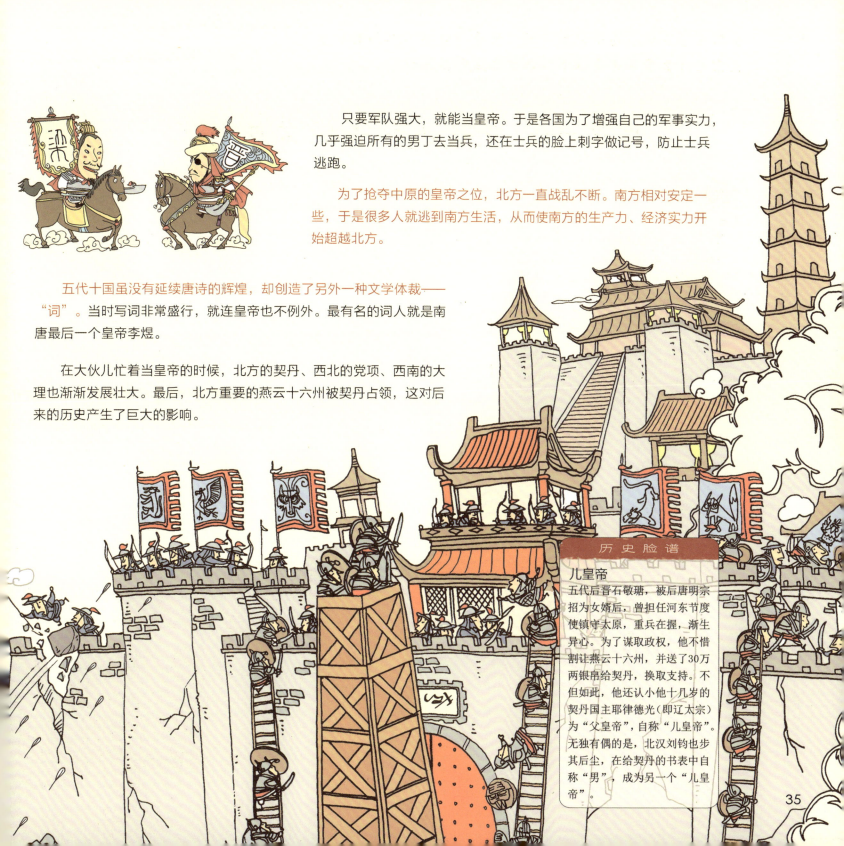

只要军队强大，就能当皇帝。于是各国为了增强自己的军事实力，几乎强迫所有的男丁去当兵，还在士兵的脸上刺字做记号，防止士兵逃跑。

为了抢夺中原的皇帝之位，北方一直战乱不断。南方相对安定一些，于是很多人就逃到南方生活，从而使南方的生产力、经济实力开始超越北方。

五代十国虽没有延续唐诗的辉煌，却创造了另外一种文学体裁——"词"。当时写词非常盛行，就连皇帝也不例外。最有名的词人就是南唐最后一个皇帝李煜。

在大伙儿忙着当皇帝的时候，北方的契丹、西北的党项、西南的大理也渐渐发展壮大。最后，北方重要的燕云十六州被契丹占领，这对后来的历史产生了巨大的影响。

历 史 脸 谱

儿皇帝

五代后晋石敬瑭，被后唐明宗招为女婿后，曾担任河东节度使镇守太原，重兵在握，渐生异心。为了谋取政权，他不惜割让燕云十六州，并送了30万两银帛给契丹，换取支持。不但如此，他还认小他十几岁的契丹国主耶律德光（即辽太宗）为"父皇帝"，自称"儿皇帝"。无独有偶的是，北汉刘钧也步其后尘，在给契丹的书表中自称"男"，成为另一个"儿皇帝"。

谁结束了五代十国纷乱的局面？他有哪些为人熟知的故事？
北宋为什么要和西夏议和？双方各有什么条件？

北宋——花钱买和平的富庶朝代

五代十国末期，原为后周将领的赵匡胤，建立一个新的王朝"宋"，历史上叫作"北宋"。经过南征北伐，赵匡胤的弟弟宋太宗统一中原，结束了70多年的乱世纷争。

北宋面积并不大，跟现在中国大公鸡形状的版图相比，它只占了鸡肚子那一块儿。而北边邻居契丹人建立的辽国则很大，从亚洲东边的海滨，一直到亚洲中部，都是辽国的势力范围。

北宋建立没多久，就对辽国发起战争，为的是夺回五代十国时被后晋割让给辽国的燕云十六州。燕云十六州地势易守难攻，各朝代修建的长城大多集中在此，是抵御北方游牧民族的主要防线。结果北宋吃了个大败仗。

从此，宋、辽经常交战，北宋总是败多胜少。最后双方签订了停战协定，条件是北宋每年送给辽白银10万两、绢20万匹。

和辽国的战事刚停，西北的西夏又和北宋打了几仗，宋朝同样吃了败仗。没办法，北宋又每年送西夏白银5万两、绢13万匹、茶2万斤，用钱财换取和平。

请说出与下列成语有关的历史人物。
A.黄袍加身　B.铁面无私　C.先天下之忧而忧　D.半部论语治天下　　（答案见下页）

别看北宋打仗不行，但经济很强，很有钱，是相当富庶的朝代。

北宋的都城汴京是当时世界上最繁华的都市之一，就连朝鲜、日本、阿拉伯和波斯的商人也都来汴京做生意。汴京的繁华景象，被一名叫张择端的画家用画笔记录在了名作《清明上河图》中，画中可以看到各行业店铺林立，行人络绎不绝。

为了方便商业交易，北宋发明了世界上最早的纸钞票——交子。

交子

除了经济，北宋的科技也领先于当时的世界。中国古代四大发明中，黑火药、罗盘指南针和活字印刷术都是在北宋发明或发展推广的。

  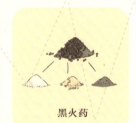 

水罗盘　　震天雷　　黑火药　　活字印刷

后来，北方女真人建立的金国强大起来，北宋就联合金国灭辽。在与北宋联合灭辽中，金国看到了北宋军队的软弱。于是辽国一灭，金国就撕破脸打上门。金比辽野心大得多，跑到汴京大肆抢掠一番，不仅将财宝一扫而空，还顺手掳走了两个皇帝。

憋屈了将近200年的北宋，被金国灭掉了。

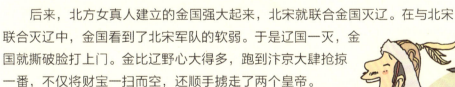

东坡肉

相传为苏东坡所创制。东坡被贬后，无心政事，经常下厨做菜。一次家中来了客人，东坡烹制猪肉请客，因与客人久弈，导致锅中猪肉烧焦变色，却更酥香可口。后人依法复制，再经不断改进，遂广为流传，成为杭州名菜。

南宋抗金的名将有哪些?
宋高宗为何要置岳飞于死地?

南宋——长使英雄泪满襟

北宋被灭后,宋徽宗的儿子赵构在江南建立新的宋朝,为了与之前的北宋有所区别,历史上称之为南宋。宋高宗赵构是南宋的第一个皇帝。

南宋时,中原已被北方的金国占领。经过几次大战后,宋金双方约定以秦岭—淮河为界,南北互相对峙。

与北宋相比,南宋起初很重视军事。当时有不少名将积极北伐,尤其是岳飞,他率领的岳家军收复了很多失地。南宋本来有机会一鼓作气收复中原,但宋高宗变卦了。

他担心若岳飞真的打败了金国,把被金国俘虏去的父亲和哥哥两个皇帝接回来,自己就无法当皇帝了。于是趁着岳飞打了胜仗,他主动与金国议和,还在丞相秦桧的诬陷下,以"莫须有"的罪名处死了岳飞。

此后,南宋又像北宋一样,以钱财换取和平。南宋虽然面积小,可占据着繁华的南方。而且,由于陆上丝绸之路被阻,南宋转而发展海上丝绸之路,利用20几个贸易港口与50多个国家进行贸易,经济发展达到顶峰。

南宋如此富有,自然更愿意花钱换和平。

但是,宋金依然不断发生战争。南宋往往能取得胜利,却又怕战争扩大,所以再次议和。朝廷反复发动战争,又主动议和,让像岳飞这样有气节、有志于收复失地的英雄无法施展身手,就像唐代杜甫的诗所言:"出师未捷身先死,长使英雄泪满襟。"

从宗泽、岳飞到文天祥、陆秀夫,不管武将还是文臣,南宋一直不缺乏英雄,可是英雄总不得志,无法实现理想。

后来,生活在蒙古高原的蒙古族强大起来,南宋就像当初联合金国灭掉辽国一样,与蒙古一起灭掉了金国。

然而,蒙古的实力远比金国强大。偏安南方、延续了150多年的南宋,终究被蒙古所灭。

元朝是如何开疆辟土,建立历史上最大的帝国的?
元朝统治百姓,有什么不一样的做法?

元朝——马背上的大帝国

1271年,蒙古人忽必烈建立了元朝。8年后,元朝灭掉了南宋,游牧民族第一次统一了中国。

元朝的国号叫"大元",它的确很大,是疆域最大的朝代。不仅西括青藏高原,而且北边的蒙古、西伯利亚都是元朝的疆土。

其实,元朝只是蒙古大帝国的一部分。成吉思汗铁木真统一蒙古后,他和他的子孙就开始不断对外扩张。这个习惯骑马打仗的民族,很快打败了金国、西夏、大理、吐蕃,然后西征,从中亚一直打到欧洲,所到之处无往不胜,建立了一个从古至今最大的蒙古帝国。后来,蒙古大帝国分成好几部分,除了元朝,还有四大汗国,不过名义上他们受元朝皇帝的管辖。

在蒙古大草原,牧民大多住在蒙古包中,搭建蒙古包而不盖房子,这是为什么?
A.节省空间　B.节省经费　C.适应游牧生活　D.美观舒适　　(答案见下页)

帝国大，民族也多。从汉人、蒙古人、女真人到阿拉伯人甚至欧洲人，因为各自的文化和信仰不同，管理起来就非常困难。

尤其是汉人，人口最多，而且当年攻打南宋最困难，元朝甚至还因此死掉了一个大汗，这让元朝的统治者很忌惮。

于是，蒙古人施行了许多不平等待遇，比如把人分成四个等级。蒙古人当然是一等人；中亚和欧洲各被征服民族的人是二等人；消灭南宋前征服的汉人是三等人；原来南宋的人则是最低的第四等人。等级不同待遇不同，四等人若杀了一等人，肯定要偿命，但一等人杀了四等人，只需要赔一头毛驴的钱就行了。

元朝的统治者还想出各种名目剥削百姓。例如，新官上任、逢年过节，百姓都要给政府交钱……

汉人忍无可忍，于是最底层的农民爆发了起义，而蒙古士兵早就习惯了安逸的生活，战斗力不复当年。就这样，曾经横扫世界的蒙古人，被农民起义军赶回了北方大漠。

明太祖朱元璋为何要废掉宰相一职?
锦衣卫是明朝的军事特务机构吗?

明朝——皇帝从劳模变成懒鬼

农民起义出身的朱元璋推翻了元朝,建立了明朝。这是最后一个由汉人建立的封建王朝。

明朝的疆域比元朝时小一点。蒙古人虽然退出中原,但是实力仍在,占据着蒙古高原,与明朝摩擦不断。为了抵御蒙古人,明朝修建了长城,就是今天常说的"万里长城"。

朱元璋是个疑心很重、铁石心肠的皇帝。他设立了一个叫"锦衣卫"的特务机构,专门侦察和监视官员的言行,连官员跟什么人来往,都要打听得一清二楚。他怕自己死后,那些功臣们造反,就找了很多理由杀掉他们。最后,他连宰相也杀了,还规定以后再也不设宰相。

如果穿越时空,有幸来到明朝,你可以拜访哪些历史人物?
A.关汉卿　B.唐伯虎　C.吴承恩　D.王冕　E.严嵩　F.徐霞客
（答案见下页）

这么一来,大权全集中在皇帝手中,不管什么公文全都由他亲自批阅。皇帝每天工作很辛苦,好在朱元璋是穷苦出身,当过和尚、乞丐,能吃苦很勤快,堪称劳模皇帝,因此明朝一开始运作得很好。

令朱元璋没想到的是,他的子孙们不像他那么勤劳能干,可是又不能破坏他立的规矩去设立宰相帮助自己,怎么办呢?于是,就想出一个"内阁制",选一些优秀的官员组成内阁,让他们帮助皇帝处理国事。内阁大臣们先提出一个意见,写好后给皇帝看,皇帝再用红笔在上面批示。这么一来,皇帝只需要批红,负担减轻不少。

后来,皇帝越来越懒,只想玩,连批红都嫌麻烦,干脆让自己最信任的太监帮他批红。这样一来,太监的权力就越来越大了,经常胡作非为。

于是,太监和内阁官员就常常发生矛盾。再加上荒唐的皇帝,明朝越来越乱,最后亡于农民起义。

《本草纲目》
李时珍是明朝最杰出的医学家,他用一生心血编写了《本草纲目》。书中记载了1892种药物,还附有1160多幅插图和1万多种药方,是古代最完备的本草学著作。其中收录的大部分药物,除配有精细的插图,还有详细的解说,对一般人识别药物很有帮助。书中罗列的药方集历代大成,极具实用价值。据说很多市面上的合成药,都是根据这些药方制成的。

努尔哈赤为什么要创立八旗制度？
清朝为什么要推行剃发令？

清朝——最后一个封建王朝

农民起义军灭亡了明朝，最后却是女真人统一了政权，中国进入最后一个封建王朝——清朝。

清朝的疆域面积仅次于元朝，奠定了中国现在的版图基础。台湾在康熙时正式纳入清朝的管辖范围。

清朝原本是东北的一个女真部落，起初比较弱小，受明朝的统治。后来一个叫努尔哈赤的首领创立了八旗制度，把人民分到不同的旗。八旗有不同的旗帜、不同的军服，旗下的人平时耕作狩猎，战争时就应征当兵。女真渐渐强大起来。

舞狮表演

杨柳青年画

不同装扮的京剧演员

下列各题，谜底都是清朝皇帝的年号，请猜一猜。
A.说尽心中无限事　B.夕阳街　C.普遍富裕起来　D.医生会诊　（答案见本页）

答案：A.道光 B.咸丰 C.康熙 D.同治

清朝打败农民起义军,入主中原后干了好多荒唐事,比如剃发令。由于女真男人的传统发式是剃掉头发,留一条辫子,而汉人不愿意服从,所以清朝就强令汉人剃发留辫,还下了口号"留头不留发,留发不留头"。

为了加强统治,清朝还大兴文字狱,写错一个字、说错一句话都会人头落地。

在严苛的政策下,清朝的江山总算稳固了,国家也渐渐强盛起来。尤其是经过康熙、雍正和乾隆3位皇帝的治理,清朝的发展达到鼎盛。

康熙皇帝　雍正皇帝　乾隆皇帝

西方国家尝试与清朝进行贸易交流,但清朝却认为自己的一切都是最好的,不愿与西方国家来往。

西方科技发展迅速,很快清朝就远远落后于西方列国了,而西方列国对清朝垂涎已久。终于,因为鸦片买卖问题,英国向清朝发动战争。清朝用刀枪弓箭对抗西方的火炮洋枪,不用说,败得一塌糊涂,赔了钱割了地才算了事。

之后,清朝不断地遭受列强入侵,签订不平等条约,付出金钱、土地、主权等惨痛代价。原本属于中国的领土,很多都成了西方国家的殖民地。

最后,辛亥革命爆发,推翻了清朝。从此,中国历史翻开了新的一页。

文物放大镜

满汉全席

科举考试后,地方官吏宴请主考官时,常常会出现满汉全席,就是满人和汉人合作的一种全席。宴席的场面、规模、陪宴人的职位、烹饪的食材、水果、酒等,也都有严格规定。满汉全席上菜,分为冷菜、头菜、炒菜、饭菜、甜菜、点心和水果等,一般为108种,约需3天才能吃完。

我们走过的路

3000多年前
人们学会冶炼金属，用青铜制作各种用具、兵器和礼器。

4000多年前
城市出现了，有了都城，建了宫殿，部落变成了国家，王朝开始了。

4600多年前
有两个大部落：黄帝部落和炎帝部落，他们相互融合，形成了一个新的民族——华夏族。

龟甲兽骨上刻下的甲是最古老的汉字。

170多年前
鸦片是一种毒品，为了查禁鸦片，爆发了中英鸦片战争，从此，我们进入一百多年的屈辱史。

鸦片误国害民，统统销毁。

600多年前
在欧洲大航海时代100多年前，我们就有一支庞大的船队7次远航，最远到了东非和红海。

100多年前
人民觉醒了，革命爆发了，皇帝宣布退位，最后一个封建王朝结束了。

精美的瓷器被世界称为"瓷"，"中国"的英文名字也由

2200多年前

为了抵御北方游牧民族，人们修起了长城。

2500多年前

人们从铁矿中得到了铁，这是比青铜更坚硬、更耐用的金属，它将掀起一场影响生活和战争的大变革。

2100多年前

张骞一路向西，开辟了一条连接亚洲、非洲和欧洲的商路——丝绸之路。

1200多年前

这是我们古代最强盛的时期——唐朝。

1300多年前

我们开创了科举制度，根据考试成绩录取官员，它延续了上千年。

1900多年前

四大发明之一的造纸术出现了。

1000多年前

四大发明中的指南针、黑火药和活字印刷在这时出现和快速发展。

版权专有　侵权必究

图书在版编目（CIP）数据

我们的历史 / 洋洋兔编绘. — 北京：北京理工大学出版社，2018.5（2023.4重印）
ISBN 978-7-5682-5562-2

Ⅰ.①我… Ⅱ.①洋… Ⅲ.①中国历史 – 图集 Ⅳ.①K208

中国版本图书馆CIP数据核字(2018)第071989号

出版发行 /	北京理工大学出版社有限责任公司
策划编辑 /	卢艳霄
责任编辑 /	卢艳霄
文案编辑 /	卢艳霄
责任校对 /	周瑞红
责任印制 /	边心超
封面设计 /	冯伟佳
社　　址 /	北京市海淀区中关村南大街5号
邮　　编 /	100081
电　　话 /	(010)68914775（总编室）
	(010)82562903（教材售后服务热线）
	(010)68948351（其他图书服务热线）
网　　址 /	http://www.bitpress.com.cn
经　　销 /	全国各地新华书店
印　　刷 /	朗翔印刷（天津）有限公司
开　　本 /	787毫米×1092毫米　1/12
印　　张 /	4
字　　数 /	100千字
版　　次 /	2018年5月第1版　2023年4月第16次印刷
书　　号 /	ISBN 978-7-5682-5562-2
审 图 号 /	GS（2018）1717号
定　　价 /	38.00元

图书出现印装质量问题，请拨打售后服务热线，本社负责调换

想要更多知识，
欢迎关注"手绘中国"系列

▲《中国历史地图》
手绘中国历史，彩色地图百科，一本画给孩子的中国历史。

▲《手绘地理地图：中国》
给孩子色彩与乐趣的中国地理百科全书，帮助孩子一目了然读懂中国。

▲《我们的中国》
写给孩子的中国地理，开启环游祖国的探索之旅。

▲《漫画唐诗宋词》
少儿彩色漫画版唐诗宋词故事，孩子必读的诗词经典。

▲《漫画国学启蒙》
图文并茂、寓教于乐，精美漫画加趣味故事，让孩子告别枯燥阅读！

▲《漫画史记》
国家新闻出版广电总局向全国青少年推荐百种图书之一，让孩子爱上中国历史。

▲《漫画上下五千年》
文化部重点动漫产品，全景呈现华夏五千年的波澜壮阔。

▲《漫画林汉达中国历史故事集》
国宝级大师林汉达写给儿童的中国历史，正版授权漫画读本。

▲《漫画兵法故事》
古时兵法今时用，真正吸引孩子的国学读本。